AF370853

L'AVENTURE

DU

VIZIR DU KHAN DE LENKERAN.

PAR

J. CHODZKO.

PARIS,

92, RUE DU CHERCHE-MIDI, 92.

Tirage à part du Bulletin de l'Athénée Oriental, année 1883,
p. 81 et suivv.

VIENNE. — TYP. ADOLPHE HOLZHAUSEN,
IMPRIMEUR DE LA COUR I. & R. ET DE L'UNIVERSITÉ.

Le titre qui précède est la traduction du titre d'une comédie de mœurs rédigée en persan, et publiée à Téhéran, il y a douze ans. Antérieurement à cette publication et depuis un certain nombre d'années, les Persans avaient bien dans leur capitale, des *Téaziés* ou représentations dramatiques dans le genre de nos Mystères du moyen-âge. Mais ces représentations, sorte de processions légendaires et commémoratives, sont bien plutôt des cérémonies religieuses que de véritables drames. Nous avons rapporté de Perse, trente et quelques échantillons de ces *téaziés* que nous avons, en partie, traduits et publiés(1). On se convaincra facilement, en les consultant que leur texte et leur mise en scène, n'ont rien de commun avec des pièces de théâtre proprement dites.

La production littéraire qui fait l'objet de cette notice est une véritable comédie de caractères dans le genre illustré par les plus célèbres dramaturges

(1) Voy. *Théâtre persan. Choix de téaziés ou drames, traduits pour la première fois du persan* par *A. Chodzko.* Paris, Leroux, 1878.

depuis Aristophane jusqu'à Molière et les écrivains de nos jours.

Les Turcs osmanlis possédaient déjà, dans leur langue, des traductions de drames européens et surtout des comédies de Molière, d'Alexandre Dumas, de Sardou, etc., jouées sur les théâtres des faubourgs de Constantinople par des acteurs d'origine italienne, grecque ou arménienne(1). Mais l'*Aventure du Vizir du Khan de Lenkeran* est le premier essai de ce genre qui ait été tenté en Perse.

Les Persans sont naturellement gais, spirituels et railleurs; ils aiment assez à rire aux dépens d'autrui. Leurs poètes anciens et modernes ont composé bon nombre de satires qui pétillent d'esprit et de verve. Malheureusement, on doit leur reprocher de faire trop de concessions au goût des classes aisées qui se delectent dans la lecture des descriptions par trop naturalistes. Mais ce défaut est bien plus un résultat des mœurs intimes de l'Orient que d'une disposition naturelle chez les écrivains; et l'on peut dire que la tournure d'esprit des Persans promet au genre comique un véritable succès. Aussi saluons-nous volontiers l'apparition de cette première comédie qui sera, nous n'en doutons pas, le point de départ de nombreux essais du même genre et d'une introduction de l'art dramatique dans ce pays.

Voici quelle a été l'origine de cette première tentative.

(1) Voy. Cl. Huard, *Bibliographie ottomane*. Journal asiatique. XIX, février-mars 1882.

En 1850, le général comte Woronzow, alors gouverneur du Caucase, fit construire, à Tiflis un théâtre
où des acteurs russes et quelquefois mêmes des acteurs français de passage, viennent de temps à autre
récréer le public de ce chef-lieu de la Géorgie
qu'habite une population mixte, composée comme
celle de Constantinople, de chrétiens et de musulmans. Un savant du pays, d'origine musulmane,
Mirza Feth Aly, surnommé Akhound-Zâdè(1), qui
entendait probablement le langage des acteurs,
prit un tel plaisir à ces représentations, qu'il résolut de les imiter et d'en faire jouir ses compatriotes moins favorisés que lui dans la connaissance
des langues occidentales. Il publia, dans le dialecte
turc de l'Aderbaïdjân, six pièces de théâtre et un
récit dramatique. Un autre littérateur, probablement son compatriote, Mirza Djeafer de Karadagh,
paraphrasa une de ces pièces en persan et la publia
à Téhéran, en 1291 de l'hégire (1874), sous le titre
de *Serguzechti vezîri khâni lenguerân këïfyeti temsîli
edjîb der tchehâr-medjlis*, etc.(2) C'est l'œuvre à laquelle nous souhaitons ici la bienvenue et qui constitue une excellente comédie de mœurs dans laquelle se réflètent, comme dans un miroir, les sentiments, les coutumes, les défauts et les qualités
des habitants de la Perse, traités sans malice, mais
sans ménagements. Si l'auteur et le traducteur
avaient été sujets persans, il est fort possible, que

(1) Ce surnom signifie : fils du prêtre (musulman) instituteur,
c'est-à-dire littérateur de profession.

(2) « L'aventure arrivée au ministre (Vizir) du Khan de Lengueran, drame en quatre séances (actes) », etc.

les mollas eussent trouvé à rédire à cette innovation. Mais l'œuvre était née en pays chrétien; elle ne tombait pas sous le coup de la censure religieuse. Quoi qu'il en soit, la glace est rompue, l'exemple est donné et l'exemple, s'il faut en croire les proverbes, est contagieux.

Nous allons donner une rapide analyse de la pièce en question. Nous nous servirons pour ce travail d'un ouvrage publié récemment par MM. Haggard et Le Strange. Ces Messieurs ont eu l'heureuse idée de faire de cette comédie une sorte de guide de la conversation persane; ils en ont donné le texte en l'accompagnant d'une bonne traduction anglaise, d'un résumé succinct des règles de la grammaire persane et d'un vocabulaire de tous les mots contenus dans le texte (1). Il n'était guère possible de faire un meilleur choix pour le but que se sont proposé les deux éditeurs. *L'aventure du Vizir du Khan de Lengueran* est écrite dans le style courant de la conversation de la bonne société persane et elle est de nature à intéresser l'étudiant par les scènes de mœurs si curieuses et si différentes des nôtres qu'elle contient et qui lui donnent comme un avant-goût des coutumes des gens au milieu desquels il peut être appelé à vivre ou à voyager. Le seul inconvénient que présente cet excellent ouvrage c'est que la prononciation des mots persans a été

____

(1) Voici le titre de cette publication : *The Vizir of Lankuran, a Persian play. A text book of modern colloquial persian*, etc. by W. H. D. Haggard and G. Le Strange. London 1882. Trübner & Co.

figurée pour les lecteurs anglais et qu'elle est par
conséquent sans utilité pour les étudiants français.

L'action se passe à Lengueran (les ancres), chef-
lieu du district de Taliche, sur l'Araxe et station na-
vale sur la côte occidentale de la mer Caspienne.

Le Khan ou gouverneur en chef de ce district
est un usurpateur qui a enlevé le pouvoir héredi-
taire à Timour Aga, son neveu, successeur légitime
du feu gouverneur.

Voici les noms et qualités des personnages de
la pièce. Nous en donnons la liste complète afin
que le lecteur puisse se former lui-même une idée
de la composition d'une famille persane.

1°
Le Khan, gouverneur en chef du Khanat de Lengueran et
  sa suite, composée de :
Aziz Aga, son premier valet de pied ;
Selim Beg, son maître des cérémonies ;
Quedir Beg, second maître des cérémonies ;
Semed Beg, chef des ferraches du Khan ;

2°
Le Vizir ou ministre du Khan et sa suite, composée de :
Heider, son chambellan ;
Kérim, son écuyer ;
Aga Mess'oud, eunuque de son harem ;
Aga Béchir, son intendant, avec plusieurs ferraches.
  Le Harem du Vizir se compose de :
Ziba Khanum, sa première femme, déjà vieille ;
Choélé Khanum, sa seconde femme, jeune et jolie ;
Nissa Khanum, sa belle-sœur, amante de Timour Aga ;
Péri Khanum, sa belle-mère.

3°
Timour Aga, fils aîné du défunt gouverneur de Lengueran
  et amant de Nissa Khanum ;
Hadji Salèh, négociant et homme d'affaires du Khan ;
Pétitionnaires, fonctionnaires, nobles du pays ; cinquante ca-
  valiers à pied.

Acte premier.

(La scène se passe dans la maison du Vizir, sur le bord de la mer.)

Le Vizir, profitant du départ de Hadji Salèh pour la ville de Recht lui donne cinquante ducats d'or enveloppés dans du papier (suivant la mode persane) et lui recommande d'employer toute cette somme à la confection d'une robe qu'il destine comme cadeau de nouvel an, à Choélé Khanum, sa seconde femme et sa favorite. (Le Coran permet à ses fidèles d'épouser jusqu'à quatre femmes.) — Le Vizir ignore que Ziba Khanum, sa première femme, écoutant derrière les rideaux de la porte, a entendu toute sa conversation. Le marchand à peine parti, Ziba Khanum accable le Vizir de reproches et lui apprend que Choélé Khanum a un amoureux, Timour Aga, jeune neveu du Khan. Le Vizir furieux fait administrer la bastonade à son intendant et sort. La scène de la jalousie et de la bastonade, administrée sur la scène est pleine de détails des mœurs du pays.

Acte II.

(L'action a lieu dans un chambre du harem de Choélé Khanum.)

TIMOUR AGA. — (Debout devant Nissa Khanum.) Voyons, dites-moi, que faut-il faire? A quoi donc pense le Vizir? Suis-je donc mort, moi, pour qu'il puisse vous donner à un autre? Quel avantage peut-il retirer d'une alliance avec le Khan?

NISSA KHANUM. — Ne comprenez-vous pas ce qu'il recherche en s'alliant au chef de la province? Son but, c'est l'autorité, ce sont les honneurs, c'est la considération dans le pays.

Timour Aga. — Le pouvoir et les honneurs dont il jouit actuellement, grâce à la faveur du Khan, ne lui suffisent donc pas?

Nissa Khanum. — Alors même qu'ils lui suffiraient, il trouve qu'on n'a pas assez de respect pour sa personne. Il veut, par des liens de parenté avec le premier personnage du pays, consolider ces honneurs et cette autorité.

Timour Aga. — Cet homme, est-il donc stupide? Ne voit-il donc pas ce que le Khan a fait de ses propres parents? Oui, il faut, de toute façon, aviser aux moyens de sortir d'affaire. Jusqu'à présent vous avez tort de m'empêcher de lui parler moi-même à ce sujet. Demain, je veux lui envoyer un messager pour le sommer de renoncer à la réalisation de ses projets insensés, sous peine de n'aboutir à rien profitable.

Nissa Khanum. — Hélas, cher ami! oubliez vos rêves. Jamais on n'amènera le Vizir à renoncer à son œuvre. Depuis longtemps, il me répète que le Khan ne cesse de chercher des motifs plausibles de faire périr Timour Aga. Je sais, à n'en pas douter, que plusieurs fois déjà, il demandait conseil au Vizir à ce sujet. Si le Vizir vient à apprendre que nous nous aimons, il s'empressera, dans son propre intérêt, d'avertir le Khan que vous avez des vues sur sa fiancée; il le fera d'autant plus volontiers que lui aussi, a des griefs contre vous.

Timour Aga. — Il ne suffit donc pas au Khan d'avoir confisqué la province et d'avoir usurpé le rang de feu mon père; il cherche encore des moyens de se défaire de moi. Oh! mais c'est là une vaine illusion.

Nissa Khanum. — Sans aucune doute, il sait que vous êtes son plus dangereux rival, le plus grave obstacle à la réalisation de son œuvre. Il craint que vous ne réclamiez les propriétés de votre père. J'ai entendu dire beaucoup de choses à ce sujet. En public, il feint, bon gré mal gré, de vous témoigner beaucoup d'égards et de respect. Mais il saisira la première occasion favorable pour vous ôter la vie.

Timour Aga. — Jamais de semblables personnages n'oseront me tuer. La majorité du peuple et tous les grands du pays se souviennent des bienfaits de mon père et me sont dévoués. Je ne suis pas un gibier dont ils puissent se régaler. Mais, dites-moi, qu'ai-je donc fait au Vizir pour qu'il soit irrité contre moi?

Nissa Khanum. — Vous avez pris chez vous Mirza Selim, fils de l'ancien Vizir de Lenkeran et vous en avez fait votre secrétaire. Le Vizir a induit de ce fait que, si le pouvoir tombait entre vos mains, Mirza Selim, lui aussi, reprendrait la place de feu son père. Il s'est mis en tête de proposer au Khan d'expulser votre secrétaire du pays.

Timour Aga. — Sa parole ne suffira pas pour faire bannir mon secrétaire. Pour avoir nourri de si scélérates intentions à mon sujet, le sel (les bienfaits) de mon père aveuglera les yeux de l'ingrat. Dieu est juste, il réduira à néant tous ces iniques projets et je parviendrai à mon but. Quoi qu'il en soit, vous avez raison. Il ne faut pas que le Vizir s'aperçoive que nous sympathisons. Où est Choélé Khanum? J'ai quelques mots à lui dire?

Nissa Khanum. — Elle est dans l'appartement de ma mère.

Timour Aga. — Ne pourriez-vous pas vous y rendre et la faire venir ici.

Nissa Khanum. — Ma mère n'est pas à la maison. Allons y l'un et l'autre.

Timour Aga. — Bien, allons y ensemble.
(Ils sortent.)

Ziba Khanum. — (Entrant.) Ah! coquine! Tu as poussé l'audace jusqu'à injurier ma femme de chambre et à l'exciter contre moi! C'est le Vizir qui t'a rendue folle à ce point! (Elle s'aperçoit qu'elle est seule dans la chambre et elle cherche de tous côtés.) Voyons! où donc est-elle, cette vilaine femme? où peut-elle être allée? Puisse la maison du Vizir crouler en ruines! Il m'a réduite à cette existence misérable. (Elle veut sortir, mais entendant tout-à-coup la voix d'un homme, elle prend peur et s'assied par terre.) Mais j'entends parler un étranger. Ah! il va entrer par cette porte. Que faire? Je ne puis me montrer. Ah! de quelles cendres couvrirai-je ma tête? (Ne sachant où se réfugier, elle se cache derrière le rideau de la porte.)

Timour Aga. — (Entrant avec Choélé Khanum, lui dit:) Votre mère est rentrée si vite du bain, que nous n'avons pas eu le temps de nous entretenir dans sa chambre. J'avais tant de choses à vous dire. Mais il ne serait point convenable de le faire ici. Le Vizir pourrait venir et nous surprendre.

Choélé Khanum. — Tranquillisez-vous, le Vizir ne peut pas venir aujourd'hui.

Timour Aga. — Pourquoi cela?

Choélé Khanum. — Parceque aujourd'hui c'est, à tour de rôle, le jour de la chambre de Ziba Khanum. Il redoute tellement ses criailleries qu'il n'oserait jamais aller chez une autre.

Timour Aga. — Ce que vous dites est très raisonnable; mais on ne saurait se fier à une probabilité. Soyons sur nos gardes pour le cas où il lui passerait tout-à-coup par la tête de venir ici.

Choélé Khanum. — Soyez sans crainte. J'ai dit à Nissa Khanum de s'asseoir dans le couloir (dâlân) et, aussitôt qu'elle verrait paraître le Vizir, de venir nous en informer. Comment! auriez-vous donc peur, vous?

Timour Aga. — Non, pourquoi craindrai-je? Qui donc pourrait m'effrayer? Je ne suis pas un poltron. Cependant je ne veux pas, pour plusieurs raisons, que le Vizir me voie ici. Il s'empresserait d'aller en informer le Khan. Il faut avant tout que je mette à exécution certains projets que j'ai conçus.

Choélé Khanum. — Vous avez raison, le Vizir ne doit se douter de rien; autrement il irait prévenir le Khan et alors tout serait perdu.

Nissa Khanum. — (Éperdue, passe la tête à la porte et s'écrie:) Sauvez-vous, le Vizir arrive!

Choélé Khanum. — (Très effrayée court à la porte et regarde.) Quel malheur! Voici le Vizir qui se dirige tout droit vers le chambre où nous sommes. Pauvre Timour Aga! Vous ne pouvez ni partir, ni rester ici, pourtant.

Timour Aga. — Que faire? Quelqu'un l'aura avisé de ma présence en ce lieu. Ah! par Dieu, s'il en est ainsi, (portant la main à son poignard) avec ce poignard, je ferai de ses entrailles la curée pour les chiens.

Choélé Khanum. — O mon ami, ce n'est pas le moment de discourir. Venez ici, cachez-vous derrière le rideau de la porte. Je vais voir si je puis réussir à lui faire rebrousser chemin. (Timour Aga troublé va se cacher derrière le rideau.)

Le Vizir. — (Entre en boitant.) A quoi t'occupes-tu ici, Choélé Khanum? Ta santé est-elle bonne?

Choélé Khanum. — Grâce à Dieu et à votre bonne fortune, ma santé est toujours excellente. Mais je m'étonne beaucoup de vous voir aujourd'hui chez moi. Qu'avez vous donc pour boiter ainsi? Et pourquoi ces sourcils froncés? Dieu nous préserve d'un malheur!

Le Vizir. — Ouf! Il m'est arrivé aujourd'hui quelque chose d'épouvantable. Ne m'en demande pas davantage. Jamais je ne pourrais me l'imaginer. Je souffre comme un chien hargneux. (A l'eunuque:) Aga Messoud, va me faire chauffer un peu de café. (L'eunuque s'incline respectueusement et sort.)

Choélé Khanum. — Veuillez me raconter ce qui vous fait souffrir, dites, mon maître. Ou bien ne parlez plus, trop de paroles vous fatigueraient.

Le Vizir. — Non, ce ne sera pas long. Aujourd'hui, en compagnie de quelques magistrats, nous étions assis en présence du Khan. On parlait de la force robuste de Timour Aga. Tout le monde était d'avis qu'aucun habitant de Lenkeran ne pourrait lutter avec lui. Le Khan lui-même partageait cette opinion. Alors je protestai en disant: Timour Aga n'a aucune énergie. Bien qu'il ait réussi à terrasser quelques lutteurs qui étaient venus ici pour les fêtes du mois du Carême *(mâhi rouzé)*, ses adversaires n'étaient qu'autant de petits gamins. Pendant notre conversation, Timour Aga se tenait respectueusement debout devant le Khan. Celui n'acceptant pas mon assertion me dit: «Comment prouverez-vous ce que vous avancez?» Je répondis: Si ce n'était pas la crainte de rabaisser le rang que j'occupe dans votre gouvernement, je consentirais, malgré mes cinquante ans, à engager une lutte corps à corps avec Timour Aga. Vous le verriez bientôt terrassé à pieds. Tu sais que notre Khan est grand amateur de cette sorte de spectacles. Il nous ordonne d'entrer immédiatement en lice. Bon gré, malgré, je ne puis qu'accepter le défi. Je me lève, nous nous prenons corps à corps. Un sentiment d'amour-propre me donne de l'énergie; en moins d'une minute, par un adroit croc-en-jambe, je lui fais perdre pied. Comment ai-je fait pour le jeter à terre, je l'ignore moi-même. Toujours est-il, que le malheureux gamin tomba comme aplati et privé de sentiment. Une demi-heure après il reprenait connaissance. Quant à moi, j'eus les côtes meurtries de l'effort que j'avais fait et j'en souffre encore beaucoup. Voilà pourquoi je ne peux pas marcher sans boiter un peu.

Choélé Khanum. — (Avec un sourire.) Homme chéri, qu'as-tu fait? Il pourrait arriver que le pauvre enfant fut mort des suites de sa chute et, alors la vie de sa mère serait à jamais assombrie.

Le Vizir. — C'est vrai, moi-même, je m'en suis beaucoup désolé, mais sans pouvoir remédier à ce malheur. Le sort en avait décidé ainsi.

Choélé Khanum. — Ainsi soit-il. Pendant que le malheureux vaincu gisait étendu à terre, tu t'es levé pour venir chez moi faire parade de ton adresse et de ta bravoure?

Le Vizir. — Oh! que non! Les ferraches l'ont pris sur leurs épaules et l'ont transporté chez sa mère. (A ces mots, Timour Aga qui l'entend de sa cachette, part d'un bruyant éclat de rire. Le Vizir se lève précipitamment et court soulever le rideau. Il pâlit et reste stupéfait en voyant Ziba Khanum avec Timour Aga. Ziba Khanum est consternée.)

Le Vizir. — Grand Dieu! Que veut dire tout cela! (s'adressant à Timour Aga) Que faites-vous ici, Monsieur? (Timour Aga baisse la tête et veut s'en aller. Le Vizir le retient par force et crie:) Je ne te laisserai pas partir avant que tu ne m'aies dit ce que tu faisais ici. Réponds-moi! Parle!

Timour Aga. — (s'arrachant de l'étreinte du Vizir) Laisse-moi partir.

Le Vizir. — Impossible! Je ne lâcherai pas prise avant que tu ne m'aies répondu! (Timour Aga se voyant retenu saisit d'une main le Vizir à la nuque et de l'autre le prend aux talons, il l'enlève en l'air, puis l'étend à terre, saute par-dessus et disparaît par la porte restée ouverte.)

Le Vizir. — (Après quelques instants de silence, ouvre les yeux et les fixant sur Ziba Khanum:) Quels désastres as-tu attirés sur ma tête, misérable catin!

Ziba Khanum. — Mais j'en ai rien attiré sur ta

tête. Tout cela n'est nullement de mon fait et je n'en sais pas plus long que toi-même. Si tu veux être renseigné, adresse-toi à ta femme. Demande lui ce que faisait un étranger dans sa chambre à coucher.

Le Vizir. — Vile prostituée! C'est toi qui doit me répondre première. Que faisais-tu, avec cet étranger, blottée derrière le rideau de la porte de notre chambre à coucher?

Ziba Khanum. — C'est bien. Je parlerai la première, il s'expliquera ensuite et nous verrons comment il s'en tirera. Voici le fait : Ta favorite, Choélé Khanum, avait injurié une de mes servantes. J'étais venue pour lui dire : Pourquoi transgresses-tu les lois de la convenance? Ma servante ne se nourrit pas de ton pain. Pourquoi lui dis-tu des injures? Eh bien, en pénétrant ici dans ce but, je n'ai trouvé personne chez vous. Au moment où je me disposais à me retirer, j'aperçois Choélé Kha-num causant avec un homme et se dirigeant avec lui vers la chambre à coucher. Je me suis trouvée fort embarrassée, car je ne croyais pas pouvoir passer devant eux. Je suis donc allée me cacher derrière le rideau de l'alcôve, en me disant : Voyons d'abord ce qu'ils vont faire ici; ensuite je courrai en faire part à notre Vizir. D'ailleurs, je n'avais rien sur la tête et il m'était par conséquent impossible de me présenter devant un étranger. Là dessus, un hasard vous amène ici. Votre apparition est remarquée par l'interlocuteur de votre femme, et, comme moi, il court se cacher derrière le rideau pour y attendre votre départ.

Le Vizir. — Si ce que tu viens de me raconter

est vrai, pourquoi à ce moment, n'es-tu pas sortie de ta cachette pour m'avertir?

Ziba Khanum. — Parceque je n'osais pas sortir. L'homme m'avait dit: Si tu souffles mot, je te plonge dans le cœur cette dague jusqu'à la garde.

Le Vizir. — (Après quelques instants des réflexions, se tourne vers Choélé Khanum.) Voyons, Choélé, dis-moi la vérité. Cet homme est-il venu ici pour te voir, oui ou non?

Choélé Khanum. — Votre femme ressemble à un perroquet. Elle a contracté l'habitude de débiter toute sorte de niaiseries; elle ne fait que rapporter et mentir au besoin. Je n'ai jamais vu ni connu cet homme.

Le Vizir. — Comment, tu ne connais pas Timour Aga? Tu ne l'as jamais vu? Mensonges que tout cela. Tu le connais.

Choélé Khanum. — Que pouvait faire ici Timour Aga? Ne l'avez-vous pas terrassé? Ne l'avez-vous donc pas fait rapporter chez sa mère?

Le Vizir. — Tu parles trop de ce qui ne te regarde pas. Réponds à mes questions. Tout me faire croire que Timour Aga était venu ici pour te voir.

Choélé Khanum. — Mais nullement. Vous vous trompez. Si Timour Aga était venu pour me voir, vous l'auriez trouvé près de moi. Ziba Khanum savait qu'aujourd'hui je devais aller au bain; elle s'imaginait en conséquence, qu'il n'y aurait personne dans ma chambre; elle voulait y amener son amoureux et y passer quelques instants de plaisir; d'autant plus que, comme à tour de rôle, vous deviez aujourd'hui aller chez elle, elle ne pouvait pas l'amener dans sa chambre. Par hasard, les bains n'avaient pas d'eau. Sans rien soupçonner, nous avons rebroussé chemin et nous sommes revenues à la maison. Comme il leur était impossible de sortir sans être vus, l'un et l'autre courrent se cacher derrière les rideaux pour y continuer leurs amours tout à leur aise et y guetter le moment favorable où je serais sortie afin d'en profiter pour s'esquiver sans bruit. Voilà la vérité pure. Reprenez possession de votre jugement et de votre raison et ne vous laissez pas tromper par une coquine éhontée. Ne me soupçonnez pas injustement d'avoir manqué à mes devoirs d'épouse fidèle et vertueuse.

ZIBA KHANUM. — (Crie s'adressant à Choélé Khanum:) Tais-toi, calomniatrice! Quels sont ces mensonges que tu inventes et que tu débites sans pudeur? Tu me charges de tes propres méfaits. Malheureuse que je suis, par Allah, je me donnerai la mort.

CHOÉLÉ KHANUM. — Calomniatrice toi-même et, en outre, femme de mauvaise vie! Donne-toi la mort si tu veux, ou continue à vivre, cela m'est indifférent. Tes ruses, les rôles que tu joues, sont de notoriété publique parmi les habitants de Lenkeran. Ce n'est pas à force de criailleries et de plaintes que tu obtiendras ton certificat d'honnête femme. Ton mari a des yeux clairvoyants, il voit bien si c'est moi qui suis coupable en cette affaire ou si c'est toi.

ZIBA KHANUM. — Malheureuse que je suis. Hélas! Dieu de miséricorde, je vais me faire mourir. Oh! mon époux, si tu es un homme, pourquoi ne fermes-tu pas d'un soufflet, la bouche de cette femme sans pudeur qui ose forger contre moi de semblables impostures! Mais non, tu restes là debout et tranquille comme devant une scène de théâtre.

CHOÉLÉ KHANUM. — O femme de mauvaise conduite! Pourquoi me fermerait-il la bouche d'un soufflet? Si réellement il est homme, il devrait te déchiqueter, te couper en morceaux à l'endroit même où il t'a surprise avec un jeune étranger!

LE VIZIR. — (A Ziba Khanum.) Certainement, j'avais dû te faire couper morceaux par morceaux. Mais le temps presse; donnez-moi une minute de répit afin que je puisse me renseigner. Je m'occuperai d'alors d'expédier ce qui concerne ton amoureux; ensuite j'aviserai au moyen de te récompenser, comme tu le mérites. Tu as passé toute ta vie à dire des mensonges et à tromper. Je te connais.

ZIBA KHANUM. — (Dans un accès de colère.) En toute vérité et justice, je suis menteuse. Mais que Dieu nous juge! Quant à toi, c'est bien différent; tu es l'homme véridique par excellence, comme on peut le voir par les récits que tu nous a faits, il y a un instant.

LE VIZIR. — Va-t-en, mégère! Disparais de devant mes yeux! (Ziba Khanum sort.) Voyons, Choélé, dis-moi toute la vérité. Sais-tu ce que signifie toute cette aventure? Es-tu coupable, oui ou non?

CHOÉLÉ KHANUM. — Par la mort, je jure que dans toute cette affaire je n'ai rien à me reprocher.

(L'eunuque Khadjè Messoud apporte une cafétière et des tasses qu'il remplit derrière le Vizir.)

L'EUNUQUE. — Voici votre café. Veuillez.....

LE VIZIR. — (Renverse par inadvertance le café sur la tête de l'Eunuque.) Va-t-en, âne maladroit! Tu m'apportes ton café au moment où je me hâte d'aller raconter toute l'affaire au Khan. (L'eunuque s'occupe à faire disparaître les taches faites par le café.)

Le Vizir. — (Très distrait.) Dépêche-toi, et vite. Qu'on m'apporte ici mon cheval bai et qu'on selle mon manteau brun rouge! Vite!

L'eunuque. — Bien, Monsieur, bien. Nous ferons comme vous l'avez ordonné.

(Le Vizir sort.)

Choélé Khanum. — Ah! grand Dieu! Quelle étrange affaire nous allons avoir à débrouiller! Me voilà libre enfin, grâce à Dieu! (A Nissa Khanum qui vient d'entrer.) Sais-tu, Nissa, qu'il nous est arrivé une drôle d'aventure? Le Vizir a trouvé Ziba Khanum et Timour Aga, cachés derrière le rideau d'une porte de son harem!

Nissa Khanum. — Vraiment! Que dis-tu là? Qu'avait donc à faire Ziba Khanum derrière ce rideau?

Choélé Khanum. — Je ne sais. J'ignore quand et comment cette prostituée s'était introduite en ce lieu. Ce qu'il y a de sûr et de certain, ce dont on ne peut douter, c'est que le Khan fera tuer le pauvre Timour Aga. Je songe aux moyens de le sauver; mais je ne sais que faire.

Nissa Khanum. — Ne crains rien. Le Khan n'oserait pas faire périr Timour Aga. Dans tous les cas, c'est un événement malheureux qu'il faut chercher à éviter. L'affaire va traîner en longueur. Allons, chère amie, voir notre eunuque pour nous entendre avec lui. En suite, nous enverrons quelqu'un au château pour nous renseigner sur ce qui s'y passe.

Acte III.

Grande audience présidée par le Khan en personne, entouré de toute sa cour et des dignitaires du Khanat. Le Khan ordonne à son maître des cérémonies d'introduire les plaignants l'un après l'autre; il veut leur rendre justice lui-même. Le premier introduit est un paysan qui accuse un villageois d'avoir crevé un œil à son cheval. Le villageois s'excuse en disant que s'il a jeté une pierre au cheval qui s'enfuyait, ce n'est que parceque le paysan lui-même criait de l'arrêter. La pierre a par malheur atteint l'animal à l'œil. Le Khan ordonne à l'un de ses domestiques de se rendre immédiatement à l'écurie du villageois pour y assister, en qualité de témoin, à l'application de la peine du talion, conformément au précepte du Koran : « Œil pour œil ». Quand l'arrêt du Khan sera exécuté, il y aura dans le village deux chevaux borgnes au lieu d'un.

Le second plaignant, amené devant le Khan est accompagné d'un médecin. Ce dernier est en faveur auprès de la noblesse du pays et plainte est portée contre lui par le comparant qui est le frère d'un de ses malades, mort à la suite d'une saignée par trop abondante qu'il lui a pratiquée. Le médecin pour toute excuse dit : Vous verriez dans quel état il se trouverait si je ne l'avais pas saigné! Le Khan trouve la justification suffisante. Non-seulement il ne fait pas restituer l'argent que le médecin avait pris d'avance; mais encore, il ordonne au plaignant d'offrir au docteur une pièce de drap fin pour que celui-ci s'en fasse confectionner une robe d'honneur. Le drap et le tailleur seront payés par le plaignant.

Le Khan n'en peut plus et se plaint de la fatigue que lui cause l'exercice de la justice. Il ordonne qu'on aille au bord de la mer lui préparer un canot. Il veut aller se promener et respirer l'air frais de la mer.

Tout-à-coup arrive le Vizir qui dépose son Qalemdân (Écritoire[1]) aux pieds du Khan et le supplie de se choisir un autre Vizir. — Il vient, dit-il, de surprendre sa favorite Choélé Khanum avec Timour Aga derrière les rideaux des portes de son harem. Un homme coupable d'un tel crime, et surpris en flagrant délit, mérite la mort.

Le Khan cherchait depuis longtemps un prétexte plausible pour se débarrasser du jeune homme qui avait plus de droits que l'usurpateur, à succéder à feu son père. Il ordonne à ses ferraches d'aller s'emparer de Timour Aga et de l'amener devant lui.

Ce jeune prince n'était point coupable du crime d'adultère. Il était allé voir sa fiancée qui habitait dans le harem du Vizir et tandis qu'il parlait à la femme de celui, qui était la sœur de sa fiancée, le Vizir était entré inopinément. Timour Aga ne voulant pas être vu par lui courut se cacher derrière un rideau où le jaloux le trouva. Il n'y avait donc du crime que les apparences; mais ni le Vizir ni

---

(1) Le Qalemdân (ou Écritoire) est en Perse, comme le Portefeuille du ministre en Europe, l'emblème du pouvoir officiel.

le Khan ne tenaient à connaître la vérité. Lorsque les gens du Khan arrivent, Timour Aga s'enfuit en les menaçant d'un pistolet chargé.

Acte IV.

Un coup de vent fait chavirer l'embarcation du Khan et il périt noyé. A cette nouvelle les habitants du Khanat de Lenkeran proclament à sa place Timour Aga qui épouse enfin sa fiancée.

———

Remarquons en passant que les noms que les Persans musulmans donnent à leurs femmes, sont ou les noms des femmes de la famille de Mahomet ou bien les noms empruntés soit à la mythologie de Zoroastre, soit autrement comme : *Peri*, ange féminin ; *Nissa*, nom d'une des femmes de Mahomet ; *Ziba*, élégante ; *Choélé*, flamme, etc.

Nous bornerons là nos extraits et notre analyse. Aussi bien, ce que nous en avons montré, suffira pour donner une idée de la valeur ethnographique de cette comédie persane, conçue toute entière et exécutée au point de vue purement persan et méritant, comme telle, d'être prise en sérieuse considération à plus d'un titre. Le lecteur pourra se rendre compte de la façon dont les Persans ont inauguré un genre littéraire qui s'il n'en est encore qu'à son début chez eux, ne tardera pas, nous en sommes convaincu, à faire de rapides progrès, tout le terrain est bien préparé et propre à son développement.

———